पीयूष मिश्रा

परिचय मुमकिन नहीं, न ही उन्हें पसन्द है। दोस्तों में 'पीयूष भाई' छात्रों में 'सर'। 1983-2003 तक दिल्ली में थियेटर किया। आजकल मुम्बई सिनेमा नगरी में व्यस्त हैं, इस उम्मीद के साथ कि बदलाव वहाँ भी होगा।

लेखक की अन्य किताबें

जब शहर हमारा सोता है (नाटक)
गगन दमामा बाज्यो (नाटक)
मेरे मंच की सरगम (थियेटर के गीत)
आरम्भ है प्रचण्ड (गीत)
कुछ इश्क़ किया कुछ काम किया (शायरी और कविता-संग्रह)

पीयूष मिश्रा

तुम मेरी जान हो रज़िया बी

राजकमल पेपरबैक्स

राजकमल पेपरबैक्स में
पहला संस्करण : 2018
तीसरा संस्करण : 2025

राजकमल पेपरबैक्स : उत्कृष्ट साहित्य के जनसुलभ संस्करण

राजकमल प्रकाशन प्रा.लि.
1-बी, नेताजी सुभाष मार्ग, दरियागंज
नई दिल्ली-110 002
द्वारा प्रकाशित

शाखाएँ : अशोक राजपथ, साइंस कॉलेज के सामने, पटना-800 006
पहली मंजिल, दरबारी बिल्डिंग, महात्मा गांधी मार्ग, प्रयागराज-211 001
1, अनमोल सोराबजी सन्तुक लेन, धोबी तलाव, मरीन लाइंस, मुम्बई-400 002
वेबसाइट : www.rajkamalprakashan.com
ई-मेल : info@rajkamalprakashan.com

विकास कम्प्यूटर एंड प्रिंटर्स
ट्रॉनिका सिटी-201 102
द्वारा मुद्रित

मूल्य : ₹ 199

TUM MERI JAAN HO RAZIYA B
Poems by Piyush Mishra

ISBN : 978-93-87462-89-2

तुम मेरी जान हो रज़िया बी

अनुक्रम

दो टूक

सन् 2010 में इगतपुरी गया था। वहाँ से विपश्यना ध्यान जिन्दगी में आया। तब से दिशा बदल गई ! कुछ अच्छे के लिए...तो कुछ बुरे के लिए... ! विपश्यना ध्यान श्री गौतम बुद्ध द्वारा प्रतिपादित ध्यान करने की विधि है जिसे बर्मा से श्री सत्यनारायण गोयनका भारत लाए थे। वैसे विपश्यना का जिक्र ऋग्वेद में भी मिलता है। विपश्यना जीवन को शान्त और अनुशासित करने की विधि है जिसका प्रारम्भिक दौर बहुत ख़तरनाक है। कम से कम मेरे लिए तो रहा।

प्रारम्भिक चरण में अन्दर के सारे विकार मानसिक तौर पर एक फोड़े की तरह पकते हैं...मवादग्रस्त होते हैं...फिर फूटते हैं और फिर भरते हैं। ये पकने से लेकर फूटने तक का चरण भयावह होता है और कुछ भी ग़लत सोचने-कहने और अभिव्यक्त करने की सम्भावना बढ़ जाती है। शायद इसीलिए सभी बौद्ध भिक्षुओं को किसी पर्वत कन्दरा में अकेले इसका अभ्यास करने की सलाह दी गई थी।

मेरे विकारों में डर प्रमुख था। डर हटा तो पिछले सब कार्यकलाप ज़ेहन में जीवन्त हो उठे कि डर के कारण कौन-कौन थे। यानी वे सारे व्यक्ति! इनमें से कई व्यक्ति आज बहुत क़रीब हो चुके थे लेकिन मैं अपने आप पर क़ाबू नहीं रख पाया और उनके अपने भूतपूर्व कर्मों की याद दिला दी। लेकिन मंशा ख़ाली उस दौर से आगे गुज़र जाने की थी।

कुछ मित्र रूठ गए...कुछ बुजुर्ग एक्टर आक्रामक हो उठे और कई ख़ामोश! मैं किसी से भी माफ़ी नहीं चाह रहा। जो कुछ हुआ...स्वतः ही हुआ। इसके पीछे मेरी कोई बुरी नीयत नहीं थी। बल्कि सबसे अधिक नर्क से मैं ही गुज़रा। काश किसी को समझा पाता।

आज शान्त हूँ। उन सभी लोगों के बारे में दुआ करता हूँ कि कृपया समझें। बिना इस दौर से गुज़रे मैं काफी हद तक विकाररहित नहीं हो पाता! आज बहुत कम लोगों के प्रति दुर्भावनाएँ हैं। जो हैं...वो भी धीरे-धीरे जा रही हैं।

इस किताब की सारी रचनाएँ इसी दौर की हैं। ये संयत दिमाग़ से लिखी गई हैं। इनको मैं एक 'न्यूट्रल टर्म' देता हूँ।...'पोएट्री'। ये ना शायरी हैं...ना कविता। बल्कि एक-एक मुशायरे और कवि सम्मेलन में मैं हूट भी हो चुका हूँ।

हिन्दी-उर्दू और अंग्रेजी...तीनों ही भाषा के संकुचित ज्ञान के लिए माफ़ी चाहता हूँ। लेकिन दिल की बात को दिल से कह देने में यक़ीन रखता हूँ... ! दो टूक। सभी लोगों से... ख़ास कर युवाओं से ये अपील है कि वे विपश्यना का दस दिन का शिविर ज़रूर अटैंड करें। सब का भला हो...

—पीयूष मिश्रा

जून, 2018
मुम्बई

तुम मेरी जान हो रज़िया बी

(मंटो साहब के नाम)

तुम मेरी जान हो रज़िया बी
तुम बड़ी महान हो रज़िया बी

अरे याद मुझे है मैं जब साला छुटकन छुटकन छोटा था
जब बिना बात के हँसता था और बिना बात के रोता था

फिर थोड़ा-थोड़ा बड़ा हुआ ये बतलाऊँ कैसे जाना
कि कच्छी के बदले में पहना धुला हुआ एक पैजामा
मैं उछल के सारी शाम घरों में धमा-चौकड़ी करता था
और माँ रहती थी चूल्हे पर और बाप नौकरी करता था
ये व्हाट्सएप्प, ये इंटरनेट, ये दूर के किस्से होते थे
बस लेमन चूस चूरन की गोली मेरे हिस्से होते थे

मैं खेलकूद के घर आता तो माँ देहरी पे होती थी
और जो देरी मैं कर जाता, तो माँ देहरी पे रोती थी

बस एक बात मैं समझ न पाता क्यूँ पंगा हो जाता है
कि देखूँ जो लड़की तो मन में कुछ दंगा हो जाता है
ये अभी हाल में शुरू हुआ था बदन काँपने लगता था
फिर ढेर पसीना बहता था मैं जरा हाँफने लगता था

मैं समझ नहीं पाता था मुझको क्यूँ ऐसा क्यूँ होता है
मैं कल तक तो था मज़े-मज़े में अब ऐसा क्यूँ होता है
फिर छक्कन बोला ये फुहार तो सब के दर पे होती है
अरे जवानी की दस्तक तो सब के घर पे होती है

अब छक्कन साला बड़ा था मुझसे ऐसा नाम कमाया था
कि चार साल पहले वो मुझसे इस धरती पे आया था
और यही तड़ी थी अरे बड़ा हूँ बड़ा समझ के मानो तुम
बड़ा ही बोले बड़े बोल है यही हक़ीक़त जानो तुम
मैं देखा करता था उसको वो बड़े झाड़ के जितना था
और मैं साला था चुन्नू मुन्नू एक अनार के जितना था
फिर हिम्मत करके पूछ लिया कि यार बताओ बात एक
मैं थक जाता हूँ रात में अपने गरम बदन को सेंक-सेंक

ये ठंडी आहें भरी उसासें काहे को मैं भरता हूँ
और गरम भाप और तपी आग में क्यूँ करके जल मरता हूँ
ये पहले तो थी नहीं-नहीं ये गर्मी अब ही आई है
ये चौबीस घंटे अन्दर होती कैसी यार लड़ाई है

तो वो बोला चल ले चलता हूँ आप तुझे उस ओर वहाँ
क्या बाप मेरे क्या बाप तेरे सारे पहुँचे जिस ओर जहाँ
अरे जन्नत बिखरी रहती है और गजरे लटके रहते हैं
हाथों में फूल और बाल महक के ऐसे बिखरे रहते हैं

जत्थों के जत्थे भीड़ यहाँ हर सुबह शाम को आती है
आदम की जात मदहोश यहाँ बस फूली नहीं समाती है
मैं डरा यार छक्कन जो मेरे चचा ताऊ को पता चला
मैं जान से मारा जाऊँगा जो बड़े दाऊ को पता चला

अबे चचा ताऊ और बड़े दाऊ सब भोग यहाँ का चाट गए
ये गर्म मांस की बिक्री है सारे खरीद के बाँट गए
ये मर भुक्खों की नगरी है हर भूखा इसमें होता है
बोलूँ तमाम इसका है नाम रंडी का कोठा होता है

और तुम यहीं मिली थी रज़िया बी...

तुम यहीं मिली थी रज़िया बी गर याद तुम्हें कुछ आये तो
मैं भी थोड़ा-सा आँख पोंछ लूँ वक़्त अगर रुक जाए तो
पर वक़्त ये साला कहाँ रुकेगा मैं आख़िर में पहुँचा था
उस बदबू के कमरे में जिसमें सेंट का तीख़ा झोंका था
और रज़िया बी को देखा था जो उस कमरे में रहती थीं
और तीन औरतें चेहरा चुपड़े संग साथ में बैठी थीं
गाल पे लाली खूब लिपिस्टिक खिला-खिला-सा चेहरा था
पर आँखों में कुछ खोया-खोया बिना बात का पहरा था

तुम मुझे देख के चिहुँक पड़ी थी छक्कन किसको लाया है
इस दूध दाँत के बच्चे को तू मर्द बनाने आया है?
मैं शर्म से डर के खड़ा हुआ था तुम थोड़ा-सा हँस दी थी
पर भोली इक मुस्कान तुम्हारे उन होंठों पर बसती थी

फिर छक्कन बोला रज़िया बी कि हुनर कोई आज़माओ तो
मैं बड़ी आस से आया हूँ इसको तुम मर्द बनाओ तो

चल ठीक अभी अन्दर कमरे में भेज इसे कि ताकि अब
इसको तू थोड़ा समझा दे मैं समझा दूँगी बाकि सब
कि नया-नया जो मर्द बने तो थोड़ी दिक्कत होती है
पर नहीं बनेगा तो तरसेगा यही हक़ीक़त होती है

मैं शर्म रोक के कदम जोड़ के उस कमरे की ओर बढ़ा
जैसे कोई भरी सी जोंक इस बदन पे चिपका और चढ़ा
और तभी कहीं एक बच्ची झाँकी अम्मा भीतर आऊँ क्या?
स्कूल से वापस आते थोड़ी सब्ज़ी भी ले आऊँ क्या?

फिर शाम इबादत करके थोड़ा चौका भी सुलगाना है
फिर रात मसाला भून के तुमको आलू मटन खिलाना है
तुमने देखा था बच्ची को फिर नज़रें मुझ पर घूम गईं
एक पल को जैसे कड़क के बिजली मेरा माथा चूम गई

फिर ख़ामोशी से बोली बेटा शाम रात को मिलते हैं
दिन गुजरेगा बातों में तब बिना बात को मिलते हैं
मैं काम करूँ जो सुबह शाम तब ही तो चूल्हा हिलता है
एक कामगार औरत का दर्जा मुश्किल से ही मिलता है

बच्ची तो आकर चली गयी फिर बोली मियाँ आओ तुम
अन्दर कमरे में आकर के थोड़ा जवान हो जाओ तुम
मैं कँप-कँप करते कदमों से अन्दर कमरे में आन पड़ा
पर घड़ी बड़ी मुश्किल है ऐसा उस लम्हे में जान पड़ा

तुम दरवाजे को बन्द किये साड़ी को ढंग से खोल पड़ीं
ये बच्ची मेरी कक्षा दस में पढ़ती है ये बोल पड़ीं

तुम उसके ही जितने होगे पर जरा भी न घबराओ तुम
तुम जिस हसरत से आये हो वो हसरत अभी मिटाओ तुम

एक बदन चमकता था सुफैद मेरे आगे को बिखरा था
मेरी आँखों से आग भभकती जगत फूट के छितरा था
कनपटी फोड़ और सभी छोड़ मैं हाँफ के तुमपे टूटा था
बस ये ही सच है रज़िया बी और बाकि सब ही झूठा था

मैं हाँफ रहा था फारिग होके आँख मूँद तुम लेटी थीं
कि निपट गए संतोष हुआ ये कहते–कहते बैठी थीं
अब जाओ तुम बाकि पैसे मैं उस छक्कन से ले लूँगी
और कभी आस हो आ जाना ये उस छक्कन से कह दूँगी

मैं खड़ा हुआ ठंडी थी साँस आभास भी थोड़ा ठंडा था
उस सेंट में लिपटे कमरे का एहसास भी थोड़ा ठंडा था
मैं पहन के कपड़े चला कि एक आवाज गूँजती आई थी
कि बदन दबाते वक़्त याद अम्मा की थोड़ी आई थी?

मैं अचकच करते वहीं मुड़ा मुड़ने के साथ वो बोली थीं
धंधा मेरा है रूहानी आवाज नपी थी तोली थी
हर शख्स को भर–भर के सुकून दूँ ये ही तो है काम मेरा
हर बदन की गर्मी अरे सोख लूँ मिल जाए गर दाम मेरा

पर तुम जो आये कमरे में मन ने थोड़ा झकझोर दिया
मेरी बच्चों की उम्र के होगे यूँ दिमाग ने जोर दिया।
इसका ये मतलब कतई नहीं कि धंधा मेरा खोटा हो
ग्राहक मेरे सर–आँखों पे पूरा हो या छोटा हो

पर सीने को मेरे दबोच क्या रूप सामने आया था
सच कहना कि क्या अम्मा का दूध सामने आया था?
मैं हर मुकाम से गुजरी हूँ और हर मुकाम से गुजरूँगी
मैं आदम की ख़ूंख़ार क़लम के हर दीवान से गुजरूँगी

पर ऊपर जाने के पहले सबके होंठों पे बोसा है
कि फ़र्क़ गधे घोड़ों में हो रंडी का यही भरोसा है
तो बेटा आगे आओ तो बस यही सोच के आना तुम
इस घास-फूस के बदन में बस अपनी अम्मा को पाना तुम

आओगे फिर भी अगर यहाँ तो आज बोलती रज़िया बी
कि सर आँखों पे ले लूँगी कि एक ग्राहक है और सही
और दाम मेरा गर दे दोगे तो कभी नहीं ना बोलूँगी
तुम बदन निचोड़ो होंठ चिचोड़ो मैं तो बस हाँ बोलूँगी

मैं खड़ा हुआ था धरती मेरे पैरों तले खिसकती थी
और रज़िया बी की घूरी आँखें साथ मेरे संग चलती थीं
फिर सुन्न निगाहें लेके मैं कोठे के बाहर आया था
आँखों में कुछ था हाथ बढ़ा आँसू का मोती पाया था

फिर सिसकी आई गला रुँधा मैं हिलक के ऐसे रोया था
कि जंज़ीरों में जकड़ा बकरा अभी जिबह को होया था
मैं भाग पड़ा था अपने घर इससे पहले इंसान मिले
अम्मा देहरी पर इंतज़ार करती थी मेरा साँझ ढले

उस रात मैं अम्मा के सीने पे ऐसे कस के सोया था
कि भिगो दिया था सारा आँचल ज़ार-ज़ार मैं रोया था

फिर दिन बीते फिर साल गए फिर महिनों ऐसे बीत चले
कि भीड़ के रेले गुजर पड़े हों समय नाम की रीत तले

पर था ग़ुरूर इस बात का अब मैं छक्कन से न छोटा था
कि मर्द नाम की जाति में मेरा शुमार भी होता था
फिर मेरे नाम के सिक्के उछले मेरे नाम के नोट गिरे
मैं अलग नस्ल का शायर था कि क्या मज़ाल कुछ खोट गिरे

मैं चढ़ी उम्र में चढ़ा नाम और चढ़ी ही शोहरत पाता था
और चढ़े दौर में चढ़े हुए शायर का दर्जा पाता था
मैं बना था औरतख़ोर जहाँ की एक लड़की न छोड़ी थी
पर रज़िया बी की याद साथ में जकड़े और निचोड़े थी

और वो बच्ची जो बस्ता टाँगे विद्यालय को जाती थी
फिर शाम-रात हर रोज़ उन्हें जो आलू मटन खिलाती थी
फिर दिन बीते फिर साल गए कि काश कुछ हाथ आ जाता
ये वक़्त नाम है बड़ा हरामी ये सब कुछ ही खा जाता

फिर उम्र बढ़ी फिर नकदी आई ऐश जगत में झूल गया
और रज़िया बी को धीमे-धीमे याद मान के भूल गया
कुछ सपने होते हैं कुछ बीती याद साथ में आती हैं
पर इसका मतलब नहीं कि यादें वर्तमान बन जाती हैं

ये वर्तमान था मेरा और ये वर्तमान था ऐश-भरा
मेरा ग़ुरूर था उठ्ठाष्टनों पे और मिज़ाज था तैश भरा
औरत को अपने पैर की जूती पर ज़मीन पर धरता था
मैं गन्दला था गन्दी जुबान से मर्द नाम दम भरता था

पर एक बात न समझ सका कि क्यूँ ऐसा हो जाता है
कि काम सेज पे ग़ुस्से का एक तीखा झोंका आता है
उस कोमल क्षण में प्यार नाम को भूल कहीं खो जाता था
मैं महा पाशविक अत्याचारी दानव-सा हो जाता था

प्रत्येक प्रेयसी यही बोलती वैसे तो तुम भाते हो
पर बनना है बादल की बूँद तुम अंधड़ क्यूँ बन जाते हो?
माथे की भभकी लाल रगें और पेशानी खिंच जाती है
जैसे खुद को ही जिबह करो और मार साँस भिंच जाती है

मैं इस ख़याल को छिटक बोलता मुझको इसकी माफी है
कि रमणी को सुख-चैन मिले तो मैं ख़ुश, इतना काफी है
और तुम यहीं मिली थी रज़िया बी गर याद तुम्हें कुछ आये तो
मैं भी थोड़ा सा आँख पोंछ लूँ वक़्त अगर रुक जाये तो

पर वक़्त ये साला कहाँ रुकेगा जाल उसी ने फेंका था
ये ख़ुशफहमी या ग़लत थी फ़हमी मैंने तुमको देखा था
कि एक बाज़ार में झलक मिली फिर ओझल तुम हो गयी कहीं
जैसे कि पाठ एक सिखला करके सालों ग़ुम हो गयी कहीं

एहसान कहीं था अरे तुम्हारा मुझ पे मैं न भूला था
और चुका नहीं पाया ये सोच के खुद पे आगबबूला था

मैंने उस दिन इक नज़्म लिखी जो रज़िया बी के सदक़े थी
और दुनिया भर की रज़िया बी के नाम अरे सर सबके थी
भाँति-भाँति के लफ़्ज़ों से मैंने वो नज़्म सजाई थी
फिर हरेक लफ़्ज़ पे फूल उठा था अरे गजब बन आई थी

क्या साहिर क्या फैज़ अरे मख़दूम लिखेंगे कभी कहीं
जो मैंने लिख मारा था यार वो लिख पायेगा कोई नहीं
फिर फूल के गुब्बारा होकर मैं उस कोठे पे पहुँचा था
दस्तूर जहाँ का था ऐसा ना किसी ने मुझको रोका था

मेरे हाथों में महँगा तोहफा रज़िया बी की शान चढ़ा
और साथ चैक था अरे लाख का रज़िया बी के नाम चढ़ा

उन्माद-भरा था अरे कि उनको सब कुछ ही मैं दे आता
केक का उस वक़्त चलन नहीं था वरना वो भी ले जाता
और तुम यहीं मिली थी रज़िया बी गर याद तुम्हें अगर कुछ आये तो
मैं भी थोड़ा-सा आँख पोंछ लूँ वक़्त अगर रुक जाये तो

पर वक़्त ये साला कहाँ रुकेगा वक़्त कमीना होता है
कड़वा होता है मगर भुलावा देके झीना होता है
मैं पहुँचा था तुम बैठीं थी चेहरा कुछ ऐसे सुता हुआ
आँखों में गहरा काजल था और मार लिपिस्टिक पुता हुआ

पर हैरानी इस बात की होती तुम वैसी की वैसी थीं
वो जवां बदन और बात करारी इन आँखों से कहती थीं
एक रेशा भी तो फ़र्क़ नहीं आया था तुममें रज़िया बी
कि शकल वही वो ही मिज़ाज तुममें वो ही था आज भी

मैं बोला था कि रज़िया बी मैं बहुत ही पहले आया था
एहसान तुम्हारा है कि तुमने मुझको मर्द बनाया था
ये तोहफा लेकर आया हूँ कर लो क़बूल तो बात बने
महँगा तोह़फ़ा है दिन बन जाये और मेरी भी रात बने

तुम धीमे से यूँ बोल पड़ीं कि तोहफ़ा रख दो ज़ीने पर
तोहफ़ों की सख़्त ज़रूरत है इस घर को आज करीने से
ये सीलन थोड़ी बढ़ी है घर की घुटन गले तक आई है
इसको भी थोड़ा सुलटा दो बोलूँगी तुम्हें बधाई है
मैं बोला तुम तो हुकुम करो आदेश मार दो रज़िया बी
हर एक बात हर एक रीत इस घर की होगी नई नई

अरे दुआ तुम्हारी अरे आज मैं बड़ा आदमी होता हूँ
कैसे भूलूँ वो दिवस पुराने उन्हीं में जीता सोता हूँ
तुम दूर कहीं से बोल पड़ी कि ऐसा कुछ कर सकते हो
कि गये वक़्त की गुज़री यादें इस घर में भर सकते हो?

कि दिन रुक जाए शाम थमे ये घड़ी ज़रा-सी ठहरी हो
कि ढली रात में होंठ की मुस्कां कुछ ज़्यादा ही गहरी हो?
तुम बड़े आदमी हो कर सकते तुमपे मुझे भरोसा है
कि इक पल को मैं भूल सकूँ कि ये रंडी का कोठा है?

सुर था थोड़ा ढला-ढला और चेहरा बहका जाता था
मैं बोल पड़ा कि रज़िया बी तुमको न ऐसा पाता था
तुम तो थीं कितनी ज़िन्दादिल अरे मार आग का गोला थीं
पर्दों को छेद मर्दों को भेद के अरे लपकता शोला थीं

तुमको बेचारी हालत में मैं नहीं सहन कर पाऊँगा
अरे हँसी खोल दो प्यार से अपनी तब ही वापस जाऊँगा
तुम जलते स्वर में बोल पड़ीं कि नहीं-नहीं मैं रज़िया बी
मै कल की वो मासूम कली हूँ जो दिखती थी कभी-कभी

जो कभी कहीं बोली थी याद है अम्मा भीतर आऊँ क्या ?
स्कूल से वापस आते थोड़ी सब्ज़ी भी ले आऊँ क्या ?
फिर शाम इबादत करके थोड़ा चौका भी सुलगाना है
फिर रात मसाला भून के तुमको आलू मटन खिलाना है ?

अम्माँ सिफलिस से चली गयी सिफलिस का मतलब जाने हो ?
गर जाने हो तो मानूँगी अम्मा के यार पुराने हो
ये चीर फाड़ती बीमारी है सच में बिना दवा है ये
मर्दों का कोठा खुला कहीं तो तब जानोगे क्या है ये

बाक़ी तुम जो भी दे जाओगे ले लूँगी सर आँखों पे
कि जीना है...है शुक्र किसी का रहम पड़ा इन साँसों पे
बाक़ी बोलो कि साथ लेटना है तो आओ बाँहों में
अम्मा जितनी ही उन्मादक हूँ सिसकी–गर्मी–आहों में

ये खेल अरे आदम ने खेला आदि काल से बिना गिला
ख़ुशनसीब तुम होगे तुमको माँ बेटी का साथ मिला
पर याद रखो ग़र चाहो भी तुम दिलो–जान और हाथों से
ये वक़्त ख़रीदा जाता ना इन तोहफ़े नक़दी बातों से

ये पेट की अग्नि जब जलती है दूर है वो अन्दाज़ बयां
कि आदम और हव्वा का रिश्ता हो जाता कुछ नया नया

फिर भी ख़रीद के दोगे मेरा सफ़र तो दूँगी बड़ी दुआ
जो उस बस्ते से शुरू हुआ और इस कोठे पर ख़त्म हुआ
मैं खड़ा हुआ था और ग़रूर मेरा यूँ ऐसे रिसता था
जैसे चक्की में गरम मसाला रोता था पर पिसता था

मैं देखा जाता उन आँखों में जिनमें समय बटोरा था
स्कूल का बस्ता ख़्वाब हाथ में आलू मटन कटोरा था
हाथ लरजते ये हाथों से महँगा तोहफ़ा छूटा था
वो बड़ी नज़्म के बड़े शेर का धागा तड़ से टूटा था
मैं सुन्न क़दम से एकटक्क कोठे से बाहर आया था
क़दम जाम थे मेरे या धोखे से बाहर आया था?
फिर सब कुछ धुँधला हुआ और कुछ ऐसा-सा सन्नाटा था
कि रुकी हवा को जैसे इक ज़हरीले साँप ने काटा था
मैं कहीं गिरा और कहीं उठा कुछ होश नहीं कब घर आया
आँखों में मिट्टी माथे पर था ख़ून कहीं कुछ कर आया

मेरे शेरों की धमक अरे कोई मुरीद तो आ जाता
मैं कुत्ता था कि काश अरे शायर का दर्जा पा जाता
शायर की सतरंगी ज़ुबान क्या ख़ूब अरे कुछ तोले है
कि करो हक़ीक़त नंगी देखें फिर शायर क्या बोले है
रज़िया बी से बड़ी शायरी किसने बोली अरे कभी
कि ग़ज़ल अँतड़ी से निकले तो ग़ज़ल बड़ी या भूख बड़ी

तुम बड़ी महान हो रज़िया बी
तुम मेरी जान हो रज़िया बी
तुम बड़ी महान हो रज़िया बी
तुम मेरी जान हो रज़िया बी
तुम बड़ी महान हो रज़िया बी
तुम मेरी जान हो रज़िया बी...

गौ माता

गोधूलि की बेला में इक बछड़ा बोला माँ से
साँझ से मुझको डर लगता, तू जाना नहीं यहाँ से
इस जंगल में फिरते हैं ख़ूँख़ार भेड़िये ऐसे
मुझे अकेला पा कर के आ जाएँगे यहाँ-वहाँ से
या राजा इनका आएगा इंसान नाम है जिसका
बन्दूक की गोली मारेगा वो मेरे ऊपर 'ठां' से
फिर खाल मेरी वो छीलेगा और मांस मेरा काटेगा
मैं बदशक्ली में टुकुर-टुकुर देखूँगा दूर जहाँ से
फिर लटकाएगा मुझको वो इक झंडे के नेज़े में
और भीड़ सामने टूट पड़ेगी जाने कहाँ-कहाँ से
फिर दंगे होंगे गाँव देस में माँ बिलखेंगी घर पे
मैं क्या बतलाऊँ क्या होगा, जो होगा दूर बयाँ से
तू पुती राख और भरी आँख और तपी साँस को लेके
मेरे बछड़ों का दो हिसाब ये कहना हिन्दुस्ताँ से...

गोधूलि की बेला में एक बछड़ा बोला माँ से
कि साँझ से मुझको डर लगता, तू जाना नहीं यहाँ से

जो कर गुज़र तो बात है

जो कर गुज़र तो बात है
ना कर गुज़र तो ग़म नहीं
जो हर घड़ी में कर गया
ऐसा कोई रुस्तम नहीं
जो कर गुज़रने की कही
तो याद आती भीड़ की
हाथों में नेज़े साथ भाले
सब जहाँ को चीरती
अल्लाहो-अकबर सिरी राम के
गुम्म नारे गूँजते
वो सर कटे धड़ खून की
बौछार ले के घूमते
क्या ये ही करने की फिकर की
आस में बैठा है तू... ?
इक ख़ून लिथड़ी अँतड़ी के
साथ में बैठा है तू... ?

मत भूल बदले की उमीदें
साथ गर तू लाएगा
नुचता यहाँ आया था बस
नुचता यहाँ से जाएगा
छोटे बदन पे याद रख
मोटी कटारें भोंक के
हव्वा की बेटी को अगर
जलती चिता में झोंक के
जो सोचता है कर गया तो
तेरी भारी भूल है
ये और किसमें ना ही ये
तुझ में घुसा इक शूल है
तक़लीफ़ ये महसूस इसकी
आज न कर पाएगा
ये आँख की लाली में थोड़ी
कमतरी जो लाएगा
तो होश बोलेगा तुझे
ऐसा नहीं है आँकड़ा
ये कुदरतों की दासताँ ये
कुदरतों से है बड़ा
ये जोश बदले की दिशा में
ही तुझे ले जाएगा
जो दो चिताएँ साथ होंगी
फिर समझ में आएगा
कि इक चिता होगी कि तेरे
हाथ से चाकू पड़े
और इक चिता होगी कि तेरी

आँख आँसू चू पड़े
दोनों ही में हव्वा की बेटी
बस छिटक के रो पड़े
दोनों ही में हव्वा का बेटा
सर पटक के रो पड़े
फिर दासताँ ये बढ़ चलेगी
कोई तो इंसाफ़ दो
ये और ऊँचे चढ़ चलेगी
आओ कोई ख़ास हो
तो ख़ास बोलेगा कि मूरख
क्या तुझे ये भा गया
कि जन्नतों और दोज़ख़ों की
आस ले के आ गया?
तू जन्नतों और दोज़ख़ों का
जो तसव्वुर देखता
वो झूठ है ग़लती है तेरी
जो अगर तू देखता
सब ख़ाक में मिल जाएगा
और ख़ाक ही तू खाएगा
ग़र अब भी ना सँभला तो गिरता
और गिरता जाएगा
अपने करम पे शरम कर ले
है अगर इंसान तू
कि ये भरम कि तू ख़ुदा है
ये भरम ना पाल तू
ये ईश्वर का हुक्म है
भरपूर ज़िन्दा रह सकें
और ज़िन्दगी का ध्यान कर

थोड़ी इबादत कह सकें
थोड़ी इबादत भी कही तो
सर झुकेगा उस तरफ़
जिसने दिया है साँस लेने
दिल धड़कनें का ये हक़
जो आँख मूँदी एक आँसू
टप्प से गिर जाएगा
ये ईश्वर अल्लाह को भूले
भर सुकूँ तू पाएगा
पछता के बस थोड़ा ज़रा-सा
रो दे रे इंसान तू
ये जन्नतों और दोज़ख़ें की
बात सच ही जान तू
ये जन्नतें और दोज़ख़ें
सारी यहीं मौजूद हैं
तेरे इरादे ताकती सारी
ये क्या ही ख़ूब हैं
अपने इरादे बोल कि अब
कुछ इरादे हैं नहीं
मैं थक चुका हूँ आज शतरंजी
ये प्यादे हैं नहीं
इनको ज़ेहन में ला के मूरख
फिर ठहर के सोच ले
कि वक़्त अब भी है क़दम को
वक़्त रहते रोक ले...

इक ठंडा डंक मिलेगा

आने वाले कल में कुछ ऐसा हड़कम्प मिलेगा
कि सर्द साँप गर पालोगे ठंडा ही डंक मिलेगा
रणभेरी की गरज में बोलो बात कहाँ से होगी
जब रणभेरी के लिए फुँका एक टूटा शंख मिलेगा

गगन चूम के उड़ जाओ पर कहाँ उड़ोगे जानम
उड़ने को जो नुचा हुआ इकलौता पंख मिलेगा
इस क़ायनात के कारीगर को समझ सका न कोई
ज्यों ही बोलोगे सँभल गए त्यों ही भूकम्प मिलेगा

गोरे नीले किशन कन्हैया जाने कब आएँगे
अभी तो तुमको हर मथुरा में काला कंस मिलेगा
हासिल कर लोगे लेकिन फिर नींद को यूँ तरसोगे
जब हासिल करने में लंगड़ा इक टूटा दम्भ मिलेगा

मोती समझ के चुनता

मोती समझ के चुनता मेरा ख़ुदा अगरचे
पछतावे के दो आँसू गर चू पड़ें नज़र से
जाँघों पे अपनी ताली तबियत से मारो यारों
कुदरत भी सारी ऐसे थर्रा पड़े फिकर से

ख़ुद को उठाओ इतना हर बात में ज़िकर हो
तक़दीर कँपकँपाए अपने ज़रा ज़िकर से
या हौसला हो ऐसा या कि हौसला ही ना हो

कछुआ तरेरे आँखें ख़ूँख़ार इक मगर से
है मज़ा कि मंज़िल भी तंग आ चुकी हो
काँटों की ऐसी तगड़ी बारात के सफ़र से

बंगले वाला कुत्ता

कुत्ते क्यूँ रोते रात में क्या मन हड्डी में ही रमा हुआ...
या गाड़ी वाले का होंठ मालकिन के होंठों पे जमा हुआ... ?
चहुँ ओर पसरा सन्नाटा
इसको चीरे दिशा भेदती
चीख़ सुनाई पड़ती है
जैसे कोई एक आरे से
धीमे-धीमे से धारे से
कुछ जिबह-सा करता लगता है...
जैसे कोई एक गले पे रख के
कोई छुरा गर्दन पे कस के
सुन्न रात को काट के कोई
सुबह-सा करता लगता है...

इस मरी अधमरी-सी आवाज़ में
कुत्ते जो तुम रोते हो
क्या मालिक का एहसान चुकाने

की कोशिश में होते हो... ?
मालिक की बेटी कही फँसी या
प्रेम मालकिन का होता
या मालिक का बेटा ऐसे ही बस
चरस धुएँ में जा सोता... ?

तुम क्या कर लोगे कुत्ते तुम
कितना भी करना चाहोगे
पर मालिक की फटकार के आगे
चुप्प चुप्प हो जाओगे...
मत भूलो कि इंसान नाम की
क़ौम के आगे कुत्ते हो
कि नियम-क़ायदे और समाज के
मौन के आगे कुत्ते हो...

जो नियम-क़ायदा आदम जाति
को बतलाने जाओगे
कुत्ते की जात में जनम लिया
कुत्ते की मौत मर जाओगे...

मैं तो हूँ, तुम भी होगी

मैं तो हूँ तुम भी होगी जानम उस जकड़ी हालत में
जब खड़ी गवाही हम दोनों की होगी भरी अदालत में

जब काले काले ज़हरीले तिनकों को लेके सभी ठौर
जब मँडराएँगे खड़ा घोसला यहीं था इनका इसी ओर
जब बिजली कड़केगी बादल भी नाग-सा यूँ फुँफकारेगा
जब राख का अंधड़ देख के हमको गरजेगा चित्कारेगा

तुम कली फूल और रुई की कोंपल बन के मेरी बाँहों में
बस आ जाना फिर किसे फिकर कि कितनी उलझन राहों में
फिर हीर मैं ऐसी गाऊँगा एक चीख मार के तिलक भरी
और तुम बुर्के को फाड़ के कहना तू मेरा और मैं तेरी

फिर मन्दिर के घंटे होंगे और मस्जिद की मीनारें भी
या कुछ भी ना होगा ना होंगी चारों और दीवारें भी
हम हवा सूँघ के घटा चूमके बिला वजह मुस्काएँगे
कि ख़ाक़ हो गयी हैं बातें बातें ही करते जाएँगे

उस ख़ुदा का नाम है

मेरे सफ़े के हाशिये में जो भी लिक्खा नाम है
वो ना ग़ज़ल है ना नज़म वो उस ख़ुदा का काम है

वो नज़र आता है नहीं तो है ख़ुदा किस काम का
ढूँढ़ता मूरख हवा को मुझपे ये इलज़ाम है
अंधी-सी खुजली को खुजा नाख़ून मेरे थक गए
अंधी ये खुजली सुखाता वो इल्हामी बाम है

जब क़ायनातों ने नशे की बात भी छेड़ी न थी
तब का नशा है ये पुराना उस सदी का जाम है
क्या लगाओगे रे बोली तुम मेरे इक शेर की
क़ीमती ही इसलिए है क्यूँकि ये बिन दाम है

उदासी किसी के बाप की धरोहर नहीं है

न मुस्कराने पे किसी की मुहर नहीं है
उदासी किसी के बाप की धरोहर नहीं है
हो गुलमोहर का जो ज़िकर
तो ख़बरदार यूँ हो चलो
हर चीज़ जो खुश्बू है वो
गुलमोहर नहीं है

जिस चीज़ में कूदे हो जानम
नाम उसका ज़िन्दगी
आग का दरिया है ये
सरोवर नहीं है
जद्दोजहद से आँका है
इंसानियत का आँकड़ा
और तुम ये कहते हो कि
बरोबर नहीं हैं... ?

सरहद के बरगद

हम सरहद के वो बरगद हैं कि जिसके नीचे चल के
छाँव चाहिए ले लो पंगे लेना जरा सँभल के

हमें चबा के पड़ जाएँ हाथी के दाँत भी फीके
हम सख़्त सख़्त अखरोट कड़े तुम नरम बीज कटहल के

एक पेड़ झाड़ लोमड़ सियार की अगर हुकूमत में है
अरे क्या परवाह है हमें यार हम राजा हैं जंगल के

हम हर लम्हे को जीते हैं और हर लम्हे पे हक़ है
हम आज की तारीख़ के मुरीद तुम बन्दे बीते कल के

हम औघड़ मस्त मलंग पुती है राख बदन पे फिर भी
इतने उजले न हो पाओगे रह जाओ मल-मल के

बाग़-बगीचे के फूलों में वो बात कहाँ से होगी
मजा तभी कि नज़र कहे कि खिले फूल दलदल के

क्या तने खड़े हो ज़ोरावर

तने खड़े हो ज़ोरावर
तने पुरुष हो
हठी खड़े हो
लेके मुष्टि युद्ध सँभाले
ले के सृष्टि युद्ध सँभाले
रगड़-रगड़ के करूँ चीथड़ा
आये जो ब्रह्मांड सामने
मसल-मसल के ध्वस्त करूँ मैं
जो आये रे काल सामने
जाँघ पे अपनी ताल ठोंक के
ब्रह्मा के अस्तित्व को ऐसे
कर टुकड़े मैं यहीं खड़ा हूँ
बल मुझमें है छल मुझमें है
मुझको भ्रम है सही खड़ा हूँ
पर विनाश की ढेरी को यूँ
ललकारो मत सही कहूँ मैं
हर किस्मत का लेखा लिखते

चिर खाते की सतत बही मैं
लेकिन...
फिर भी तने खड़े हो ज़ोरावर
कि अब तो साबित कर दूँगा मैं
नख-शिख के इस काय रूप को
झीनी साँझ को
कड़ी धूप को
क्या गंगा क्या
बड़ा हिमालय
साबित कर दूँगा जग को कि
धूल तुझे चटवाऊँगा
और सब लाए हैं
क्या मैं आज
गंगा धरती पे लाऊँगा
अरे गंगा तो कब की आन पड़ी
इतिहास पे मारो नज़र ज़रा
हर तीर्थ सार्थक हुआ पड़ा है
तुम भूले हो मगर ज़रा

यह दंभ नाम के दंश से थोड़ा
बच बच जाओ थोड़ा-सा
ये तक्षक बनके काटेगा
ये नाग बड़ा है भोला-सा
लेकिन...
अब फूल पड़े हो ज़ोरावर
कि चुम्बक हूँ मैं नारी जाति
अब बचके रहना अरे मगर
मैं काम रूप हूँ यूँ चिपकोगी

नहीं करूँगा ज़ोर ज़बर

मैं हुंकारा जो मारूँगा
हर ओर रूप यूँ नाचेगा
मैं हरकत कर दूँ
तनिक ज़रा
हर छोर से नखरा झाँकेगा

पर मैं बोलूँ कि
ज़रा ज़रा से
मंद-मंद हो जाओ तुम
ये कहाँ खुले में आते हो
कि बन्द-बन्द हो जाओ तुम
कि देखो कि तन चाकर है
अभिमान बिलख के रोएगा
इक शीतल निर्मल थपकी पे
जब कामदेव भी सोएगा
लेकिन...
अब हठी खड़े हो ज़ोरावर
मैं ब्रह्म हूँ मैं हुक्म स्वयं का
क्यों मानूँ मैं तेरे को
तू भला मान या
बुरा मान रे
क्या परवा है मेरे को
मैं दम्भ हठी मैं
दैत्य के जैसा
तगड़ा गर्जन करता हूँ
मैं सरेआम भूकंप हिला के

सबका मर्दन करता हूँ
पर अब...
अब थके खड़े हो ज़ोरावर
कि काल रूप इस कुदरत का जो
ना देखा वो देख पड़े
कि गर्जन-मर्दन का क्रंदन जो
ना देखा वो देख पड़े
जो सृष्टि ने मारा चाँटा
तो होश में आये कौन हूँ मैं
जब मृत्यु आई शूल लिये
हाँ तब बोले कि मौन हूँ मैं
और अब...
अब शान्त पड़े हो ज़ोरावर
कि शान्त-शान्त सा ये मन था
और शान्त-शान्त सा ये तन था
मैं तना हुआ था ख़ामख़ाँ
अरे शान्त तपोवन-सा वन था...
कि जनम शान्त है
शान्त है मृत्यु
बड़ी उम्र में जानोगे
जो जान पड़ो इस भरी उम्र में
सुख की नींदे तानोगे

मौन रूप तो बड़ा महान है
कम बोलो तो पाओगे
कि मौन ही जीवन मौन ही श्रद्धा
मौन समाधि पाओगे...
और अब सधे खड़े हो ज़ोरावर

लॉन मेरा है उजला-सा

लॉन मेरा है उजला-सा
इक गौरैया इक चिड़े की चिड़िया
धूप सुखाने आते हैं
इक तोता-तोती साथ कबूतर
को टहलाने लाते हैं
इक अमलतास की टहनी नीचे
बात सुबह की होती है
और रात गुलमोहर में लिपटी कुछ
हँसती है कुछ रोती है
इक ओस का आँसू कभी शाख में
लिपटा-लिपटा रहता है
इक टुकड़ा थोड़ा मन्द हवा का
पीपल के संग बहता है
हर शाम रात जाड़ों के साथ मैं
गीत सुनाने आता हूँ
बरगद या चीड़ बगुलों की भीड़ में
वहीं-वहीं रम जाता हूँ

नाग मेरे तुम तक्षक हो

नाग मेरे तुम तक्षक हो
चूहे कीड़ों के भक्षक हो
तुम फन को काढ़ तुम रंग को ताड़
ये डंक मार जो जाते हो
कि हर शिकार को धुआँधार ये
जंट समेटे लाते हो
ये गगन चुम्ब सी बड़ी कुंडली
खड़ी सामने होती है
या जरासंध पे भीम की उँगली
पड़ी सामने होती है

दाँतों को साध और भरी आग
जो बात सुनाई देती है
इंसान मरो मर जाओ तुम बस
यही तुम्हारी नियति है
अरे जीकर के भी कौन कहाँ और
किसे सुनाने जाओगे

अरे नाग दंश से मरे हो सीधे
शैव धाम को जाओगे

तक़लीफ़...जो जरूरी थी

गम को छेड़ा मैंने तो दम निकल गया है
नासूर था या छाला एकदम निकल गया है
जो गाँठ बन गया था जो ठूँठ बन गया था
पछतावे की गर्मी से ये बस पिघल गया है
ख़ूँख़ार हो चुका था ख़तरनाक हो चुका था
अपने ये मिज़ाज से थोड़ा बदल गया है

कर्मों की आग से ये कुछ शर्मसार भी था
उसका सहारा लेके ख़ुद ही ये जल गया है
कितना सुकून यारों मैं क्या बताऊँ तुमको
जैसे कोई ठंडा-सा बाम मिल गया है

मैं क्या बताऊँ कल तक मेरा वजूद सारा
जो डगमगाता था वो आख़िर सँभल गया है

फ़ैक्ट्री के मज़दूर की ज़िन्दगी

लँगड़ा करके चलता हूँ मत समझो कोई बीमारी है
जोड़ों में इस्पात भरा है, चाल तभी तो भारी है
मैं बदबू सूँघे बड़ा हुआ
मैं बलगम थूके कड़ा हुआ
खाँसी की धमकी देते हो खाँसी से अपनी यारी है...
तुम बेचे हो अपने मन को
मैं बेचे हूँ अपने तन को
आसान नहीं है मेरी ज़िन्दगी
ना ही यार तुम्हारी है...
मौत नाम है झटके का
झटके में यारो ख़ाक मज़ा
जीवन है तिल-तिल के मरना
तो बदस्तूर वो जारी है...

झुग्गियों का पुनर्वास

सपनों के वो घरौंदे
हसरतों की ये दीवारें
तुम्हारे प्यार से सँभल गई हैं
ये ज़रा-सी हाँ...
दरोदीवार तो वही हैं
सरोकार तो वही हैं
कि बस इमारतें बदल गई हैं
ये ज़रा सी हाँ...
तुम्हें कहें कि शुक्रिया कि भई
बहुत-सा शुक्रिया कि बस
शरारतें बदल गई हैं
ये ज़रा-सी हाँ...
कि आशियाने थे सारे
महक से भर उठे कि
मुस्कराहटें बदल गई हैं
ये ज़रा-सी हाँ...

ये बचपना समेटकर
जवान हो के आज
बूढ़े सपनों की उड़ान फिर
बुलन्द हो चली...
ये प्यार से नहा चुकी
उम्मीद की तरंग आज
इन बसेरों में समा के
बन्द हो चली...
चहकती साँस ये
महकती मंज़िलों की सारी नींव
तुमने डाल दी कि कब
पता ही ना चला...

पुरानी चौखटों में जो
आस की बड़ी किरण
कि यूँ निकाल दी अरे कि कब
पता ही ना चला...
कि आओ बैठकर सुकूँ से
सोच लें कि हाँ कभी
तुम्हारे इस क़दम को यार कैसे
भूल पाएँगे...
कि ज़िन्दगी की अड़चनों से दूर
एक दूजे के गलों में
हाथ डाल कह के झूला
झूल पाएँगे...
कि नई सुबह की है ये सोच
इस क़दर नई कि
तुम हमें और हम तुम्हें

यूँ याद कर के मुस्काएँगे...
अरे विश्वास जो किया था हमने
तुम में मेरे दोस्तो
ख़ाली नहीं गया ये
दिल में गुनगुनाएँगे...

भरसक कुरेदा उसको जो

भरसक कुरेदा उसको जो
सूई-सा खटक गया था
कल रात का था आँसू
गालों पे अटक गया था...
धुँधली अभी है मंज़िल
आगाह किया था मुझको
चलने की जिद समेटे
पूरा भटक गया था...

रूहानी कारख़ाना
दीवानगी की चक्की
सारा पिघल गया था
सारा चटक गया था...
था बदन पे भरोसा
नस-नस में भी उमीदें
कमजोर साला ये दिल

उस दिन खटक गया था...
यार के कूचे से
रुख़सत हुआ था ऐसे
जा कर के सीधे जाकर
सूली लटक गया था

बहुत हो गया यार

आओ यार बस एक बार
ज़िन्दा हो बात कर लें
ख़ाक हो गए हैं मज़ाक
फिर भी मज़ाक कर लें...
उनको जगाने के लिए
फिर से उठाने के लिए
हाथ-पैर चिपका है जंग
कि मुक्का लात कर लें...
सोता बदन है क्या हुआ
होता नरम है क्या हुआ
सुन लो भड़ाक बोले तड़ाक
जिगरा ये चाक कर लें...
जाएँगे यारों सब तरफ़
ख़ुद के सहारे कब तलक
दूरी पे जा चुका है ख़ुदा
कि पल-भर का साथ कर लें...

नामुमकिन

समझदार तो फँसा रहा
ये सोचे क्या ये मुमकिन है
और मूरख साला कर गुज़रा
यूँ जोड़े-जोड़े हर तिनका
फिर बाद किसी ने बतलाया
कि मूरख भैया मालूम है
जो कह गुज़रे हो सच्ची बोलूँ
वो साला नामुमकिन था।

तब आते तो अच्छा लगता

तब आते तो अच्छा लगता
यार तुम्हें बीमारी है
अब आए हो जब अपनी ही
जाने की तैयारी है

ये तपी आँख मीठा ख़ुमार

ये तपी आँख मीठा ख़ुमार
ये नज़र नशीली इतराती
ये कामदेव के दिये काम को
बिना गिला हाँ कह दे बे
ये योग ध्यान भी हो जाएगा
वक़्त अगर जो आएगा
लेकिन पहले इस योग काम का
बचा सिलसिला कर दे बे...

जब मुलुक फँसा हो साँपों में

जब मुलुक फँसा हो साँपों में
जो डसने को हो बेक़रार
तो बेहोशी के लिए यार
दारू की ख़ाक ज़रूरत है!

आँखों में पाक़ज़दगी

आँखों में पाक़ज़दगी
साँसों में गुल खिला है
मैं फ़ख्र से कहूँ ये
कश्मीर की हवा है

मैं हरदम ज़िन्दा रहने का

मैं हरदम ज़िन्दा रहने का
ये राज़ तुम्हें बतलाता हूँ
रिश्ते मैं चन्द बनाता हूँ
पर दिल से उन्हें निभाता हूँ

स्वर्ग

ऊपर पहुँचे फिर पता किया
ये स्वर्ग नाम का धाम कहाँ
वो बोले अब तक नहीं चढ़ा है
इस बस्ती का नाम यहाँ
हाँ एक कहीं है पावन धरती
जिसे छोड़ के आया है
है स्वर्ग वहीं बसता क्योंकि है
कर्मों का स्थान वहाँ

कहानी

क्या भूलूँ क्या याद करूँ
मैं अरे कहानी भूल गया
एक सदी से कहते कहते
ख़ुद की बानी भूल गया

नीम

कमज़र्फ़ नीम को पता नहीं
कि वो भोला है पर कड़वा
वो सीधे सादे होंठों पे
बस कड़वापन ही लाता है
पर जीभ है साली दग़ाबाज़
ख़ुदगर्ज़ हरामी ऐसी-सी
कि बिना बताए होंठों को
उसको मीठा ही भाता है

ऐसी तैसी

देश गया परिधान गया
और भाषा की ऐसी तैसी
बस चन्द मशीनें लाकर के
क्या गरम आग को मूते हो
पुस्तक साली गिर जाती थी
सर आँखों पे रख लेते थे
अब कम्प्यूटर को पैर लगा के
क्या माथे से छूते हो ?

समझ...

हो जाता ख़राब यारो
साज़ ही तो है
साँसों के उलझे तारों को तू
मौत ना समझ...

दाँतों को फाड़े आन पड़ती
ये कभी तो आएगी
ये है हक़ीक़त तू इसे बस
सौत ना समझ...

फिर से हुआ हूँ पैदा

फिर से हुआ हूँ पैदा
फिर से मरूँगा इक दिन
मैं बोर हो गया हूँ इस
अजीब से सफर से

सिकन्दर

माना कि यूँ सिकन्दर
कल के हो जाओगे
मैं कहूँ कि रो दो
हलके हो जाओगे

साँप-1

साँप अरे तू काट नहीं कि
सच्चा मर्द अगर है
फुँफकार मगर दे तू क्योंकि फिर
तेरी जान को डर है

साँप–2

साँप अरे तू काट नहीं कि
क्षमा मर्द का गहना है
फुँफकार मगर दे तू क्योंकि
तुझको भी ज़िन्दा रहना है

ख़्वाहिशें

मैं था खिला-सा ज़िन्दगी
नाज़ों भरा इसरार थी
बस ख़्वाहिशों के बोझ से मैं
चरमरा के रह गया

सफ़र

चन्द शिकवे कुछ शिकायत
थोड़ी माफ़ी रह गई
याद आया तब कि जब मैं
इस जहाँ से चल पड़ा

मौत-1

होंठों पे मेरे होंठ था उसका
बदन शोख अँगड़ाई थी
थी साली वो मौत मुझे जो
लेने घर पे आई थी

मौत-2

इस बंगला गाड़ी फर्नीचर
और फ़ोन और कम्प्यूटर को
ज़रा हटा दो क्योंकि आगे
मौत को रस्ता देना है

मौत–3

मौत अगर तुम आओगी तो
बिल्ली बन के आना तुम
कि जी लूँ इक पल और कि उससे
पहले ही ले जाना तुम

मौत-4

हर मुर्दा टुकड़े की यारो बस
ये ही एक कहानी है
जाएगा तन्हा या फिर
बारात साथ ले जानी है

मौत–5

जहाँ पड़ी थी ज्यौं ही आज भी
त्यौं ही बन्द मिलेगी
गड़े मुर्दों को यार उखाड़ोगे तो
बस दुर्गन्ध मिलेगी...

खोया हुआ सुख

धमाचौकड़ी ख़ूब करी
इस बचपन और जवानी में
बस आँख मूँदने के सुकून का
लुत्फ़ उठाना भूल गए

अहं-1

काश कोई जादू
तिलस्म हो पड़े
ग़रूर मेरा सारा
ये भस्म हो पड़े

अहं-2

इस लम्बे जीवन की यारो
बस एक भली-सी कसरत है
कि अहं ये सारा जला सकूँ
ये अन्दर की इक हसरत है

राज़

राज़ मेरा यूँ पूछ पड़े हो
क्यों गफ़लत में चेलो
अरे मुफ़्त मिला है गुरू यार तुम
जितना चाहे ले लो

○○○